школа - skola	2
подорож - vjaġġar	5
транспорт - trasport	8
місто - belt	10
ландшафт - pajsaġġ	14
ресторан - ristorant	17
супермаркет - supermarkit	20
напої - xorb	22
їжа - ikel	23
ферма - razzett	27
дім - dar	31
вітальня - kamra tal-ikel	33
кухня - kċina	35
ванна кімната - kamra tal-banju	38
дитяча кімната - kamra tat-tfal	42
одяг - ħwejjeġ	44
офіс - uffiċċju	49
економіка - ekonomija	51
професії - xogħolijiet	53
інструменти - għodda	56
музичні інструменти - strumenti mużikali	57
зоопарк - żoo	59
спорт - sports	62
дії - attivitajiet	63
сім'я - familja	67
тіло - ġisem	68
лікарня - sptar	72
аварійний випадок - emerġenza	76
Земля - dinja	77
годинник - arloġġ	79
тиждень - ġimgħa	80
рік - sena	81
форми - forom	83
фарби - kuluri	84
протилежності - opposti	85
числа - numri	88
мови - lingwi	90
хто / що / як - min / xiex / kif	91
де - fejn	92

Impressum
Verlag: BABADADA GmbH, Nedderfeld 112 , 22529 Hamburg
Geschäftsführer / Verlagsleitung: Harald Hof
Druck: Books on Demand GmbH, In de Tarpen 42, 22848 Norderstedt

Imprint
Publisher: BABADADA GmbH, Nedderfeld 112 , 22529 Hamburg, Germany
Managing Director / Publishing direction: Harald Hof
Print: Books on Demand GmbH, In de Tarpen 42, 22848 Norderstedt, Germany

школа
skola

- класна кімната / klassi
- ділити / aqsam
- дошка / bord
- шкільний двір / bitħa tal-iskola
- вчитель / għalliem
- папір / karta
- ручка / pinna
- письмовий стіл / skrivanija
- лінійка / riga
- писати / kiteb
- книга / ktieb
- учень / student

ранець
basket tal-iskola

пенал
kaxxa tal-lapsijiet

олівець
lapes

точило
temprin għal-lapes

гумка
gomma

альбом для малювання
pad tat-tpinġija

малюнок	пензель	коробка фарб
tpinġija	pinzell	kaxxa taż-żebgħa

ножиці	клей	зошит
mqass	kolla	pitazz

домашнє завдання	число	додавати
xogħol tad-dar	numru	għodd

віднімати	множити	рахувати
naqqas	mmultiplika	kkalkula

літера	абетка	слово
ittra	alfabett	kelma

школа - skola

текст	читати	крейда
test	qara	ġibs

година	класний журнал	екзамен
lezzjoni	reġistru	eżami

диплом	шкільна форма	освіта
ċertifikat	uniformi tal-iskola	edukazzjoni

лексикон	університет	мікроскоп
enċiklopedija	università	mikroskopju

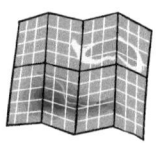 

карта	кошик для паперу
mappa	reċipjent għar-rimi tal-karti

школа - skola

подорож
vjaġġar

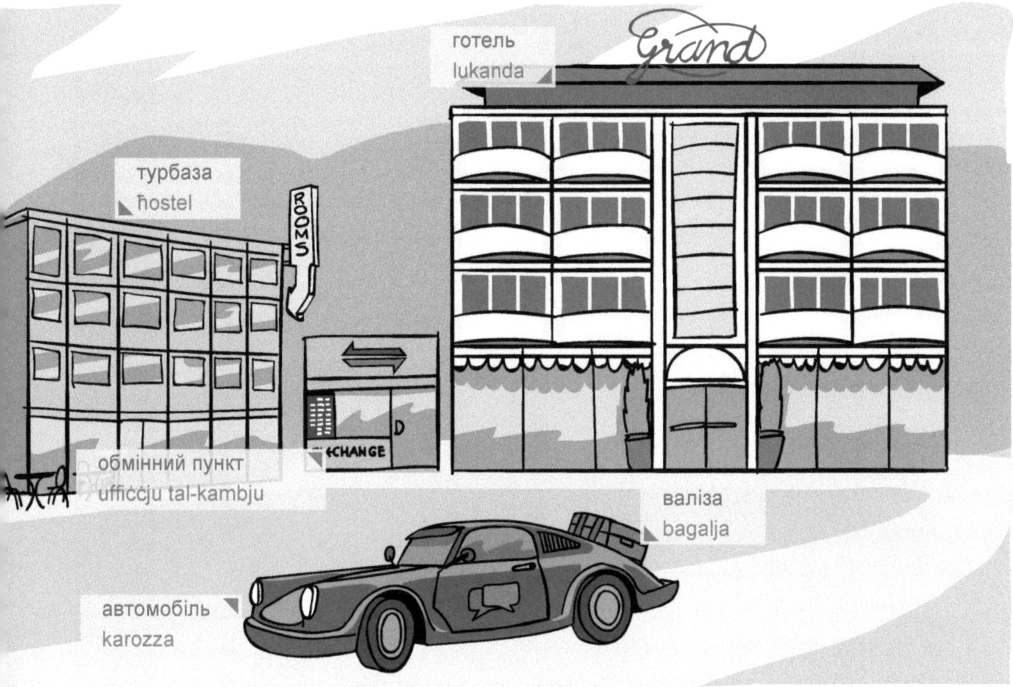

готель
lukanda

турбаза
ħostel

обмінний пункт
uffiċċju tal-kambju

валіза
bagalja

автомобіль
karozza

мова
lingwa

так / ні
iva / le

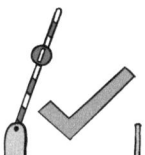

добре
okay

привіт
hello

перекладач
traduttur

дякую
Grazzi

Скільки коштує ...?
kemm jiswa ....?

Я не розумію
Mhux nifhem

проблема
problema

Добрий вечір!
Il-lejl it-tajjeb

Доброго ранку!
Bonġu

На добраніч!
Il-lejl it-tajjeb

До побачення
ċaw

напрямок
direzzjoni

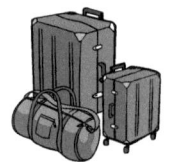

багаж
bagalji

сумка
basket

рюкзак
backpack

гість
mistieden

кімната
kamra

спальний мішок
sleeping bag

намет
tinda

туристична інформація
ufficċju ta' informazzjoni għat-turisti

пляж
xtajta

кредитна картка
karta tal-kreditu

сніданок
kolazzjon

обід
pranzu

вечеря
ċena

квиток
biljett

ліфт
lift

поштова марка
bolla

межа
transkonfinali

митниця
dwana

посольство
ambaxxata

віза
viża

паспорт
passaport

подорож - vjaġġar

транспорт
trasport

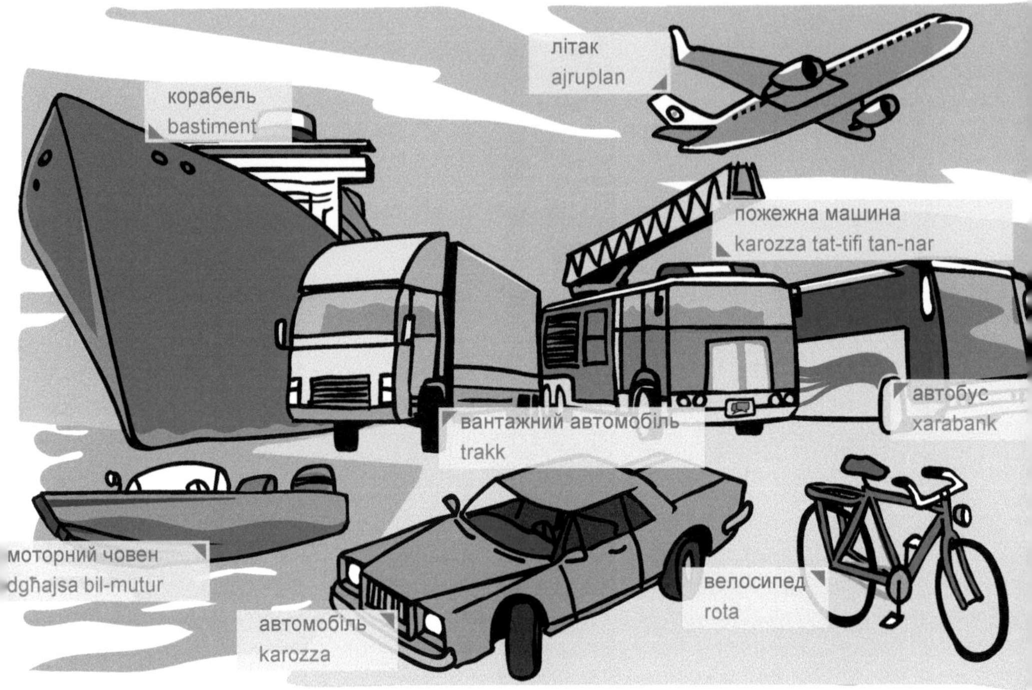

корабель
bastiment

літак
ajruplan

пожежна машина
karozza tat-tifi tan-nar

автобус
xarabank

вантажний автомобіль
trakk

моторний човен
dgħajsa bil-mutur

автомобіль
karozza

велосипед
rota

пором
lanċa

човен
dgħajsa

мотоцикл
mutur

поліцейська машина
karozza tal-pulizija

гоночний автомобіль
karozza tat-tlielaq

автомобіль на прокат
karozza tal-kiri

спільне користування авто
kondiviżjoni tal-karozzi

евакуатор
trakk tal-irmonk

сміттєвоз
trakk tal-ġbir tal-iskart

двигун
mutur

паливо
fjuwil

автозаправна станція
pompa tal-petrol

дорожній знак
sinjal tat-traffiku

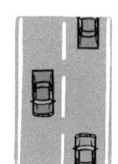
рух
traffiku

затор
konġestjoni tat-traffiku

стоянка
parkeġġ

вокзал
stazzjoni tal-ferrovija

рейки
linji ferrovjarji

потяг
ferrovija

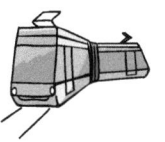
трамвай
tramm

вагон
vagun

транспорт - trasport

гелікоптер
ħelikopter

аеропорт
ajruport

вежа
torri

пасажир
passiġġier

контейнер
kontejner

коробка
kartuna

візок
karretta

кошик
qoffa

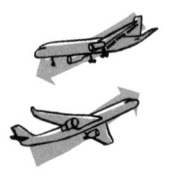
стартувати / приземлятися
tluq / inżul

місто
belt

село
villaġġ

центр міста
ċentru tal-belt

дім
dar

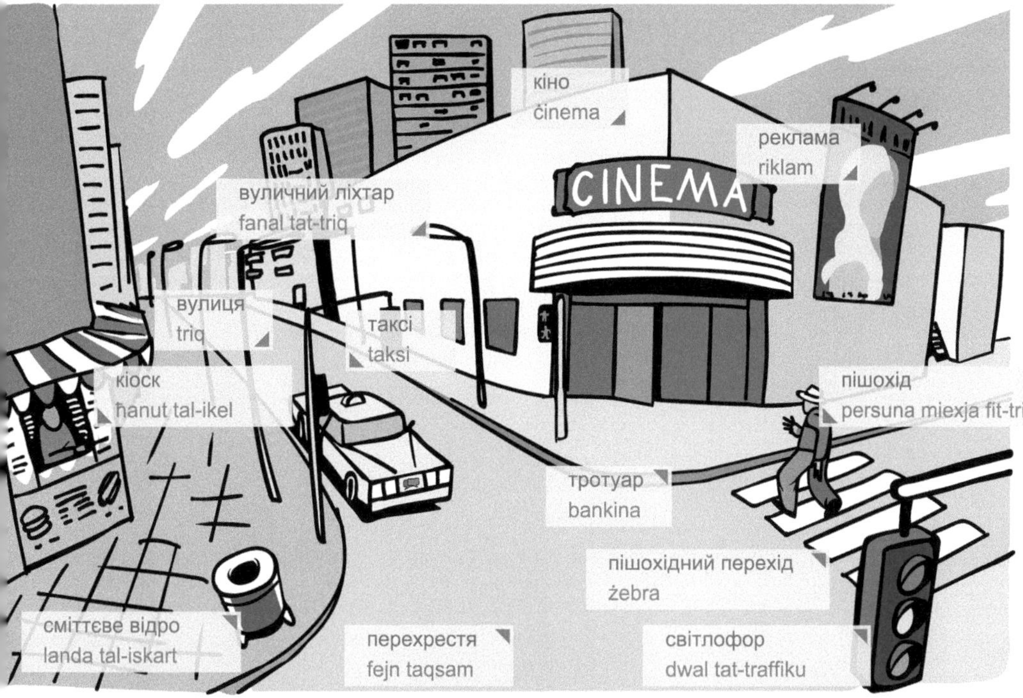

кіно
činema

реклама
riklam

вуличний ліхтар
fanal tat-triq

вулиця
triq

таксі
taksi

кіоск
ħanut tal-ikel

пішохід
persuna miexja fit-triq

тротуар
bankina

пішохідний перехід
żebra

сміттєве відро
landa tal-iskart

перехрестя
fejn taqsam

світлофор
dwal tat-traffiku

хатина
għarix

квартира
flett

вокзал
stazzjoni tal-ferrovija

ратуша
kunsill lokali

музей
mużew

школа
skola

місто - belt

університет

università

банк

bank

лікарня

sptar

готель

lukanda

аптека

spiżerija

офіс

uffiċċju

книжковий магазин

ħanut tal-kotba

магазин

ħanut

квітковий магазин

ħanut tal-fjuri

супермаркет

supermarkit

ринок

suq

універмаг

kumpless tax-xiri

торговець рибою

ħanut tal-ħut

торговельний центр

ċentru tax-xiri

гавань

port

парк
park

лава
bank

міст
pont

сходи
taraġ

метро
trasport taħt l-art

тунель
mina

автобусна зупинка
post ta' waqfien għal tal-linja

бар
bar

ресторан
ristorant

поштова скринька
kaxxa postali

вулична табличка
sinjal tat-triq

лічильник паркування
miter tal-parkeġġ

зоопарк
żoo

басейн
pixxina

мечеть
moskea

ферма	забруднення навколишнього середовища	кладовище
razzett	tniġġis	ċimiterju

церква	дитячий майданчик	храм
knisja	bitħa	tempju

ландшафт
pajsaġġ

- листок — werqa
- вказівний стовп — sinjal għad-direzzjoni
- шлях — mogħdija
- луг — mergħa
- камінь — ġebla
- дерево — siġra
- мандрівник — ħajker
- річка — xmara
- трава — ħaxix
- квітка — fjura

долина
wied

гора
għolja

озеро
lag

ліс
foresta

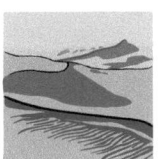

пустеля
deżert

вулкан
vulkan

замок
kastell

веселка
qawsalla

гриб
faqqiegħ

пальма
siġra tal-palm

комар
nemusa

муха
dubbiena

мурашка
nemla

бджола
naħla

павук
brimba

ландшафт - pajsaġġ

жук — ħanfusa
жаба — żringħ
вивірка — skwiril

їжак — qanfud
заєць — liebru
сова — kokka

птах — għasfur
лебідь — ċinju
кабан — ħanżir

олень — ċerv
лось — ċerv Amerikan
гребля — diga

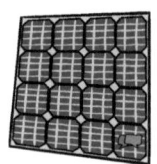

вітряк — turbina tar-riħ
сонячний модуль — pannell solari
клімат — klima

ландшафт - pajsaġġ

ресторан
ristorant

офіціант — wejter
меню — menu
стілець — siġġu
суп — soppa
піца — pizza
столові прилади — pożati
скатертина — tvalja

закуска
starter

друга страва
platt prinċipali

десерт
deżerta

напої
xorb

їжа
ikel

пляшка
flixkun

фаст-фуд	вулична їжа	чайник
fast food	streetfood	tettiera

 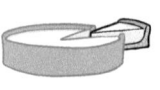 

цукорниця	порція	еспресо-машина
kaxxa għaz-zokkor	porzjon	magna tal-espresso

високий стільчик	рахунок	піднос
high chair	kont	trej

ніж	вилка	ложка
sikkina	furketta	mgħarfa

чайна ложка	серветка	склянка
kuċċarina	sarvetta	tazza

ресторан - ristorant

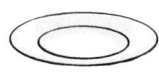  

тарілка	тарілка для супу	блюдце
platt	platt għas-soppa	plattina

соус	солонка	млин для перцю
zalza	salt shaker	mitħna tal-bżar

 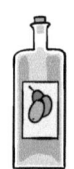  

оцет	масло	спеції
ħall	żejt	ħwawar

кетчуп	гірчиця	майонез
ketchup	mustarda	majoneż

ресторан - ristorant

супермаркет
supermarkit

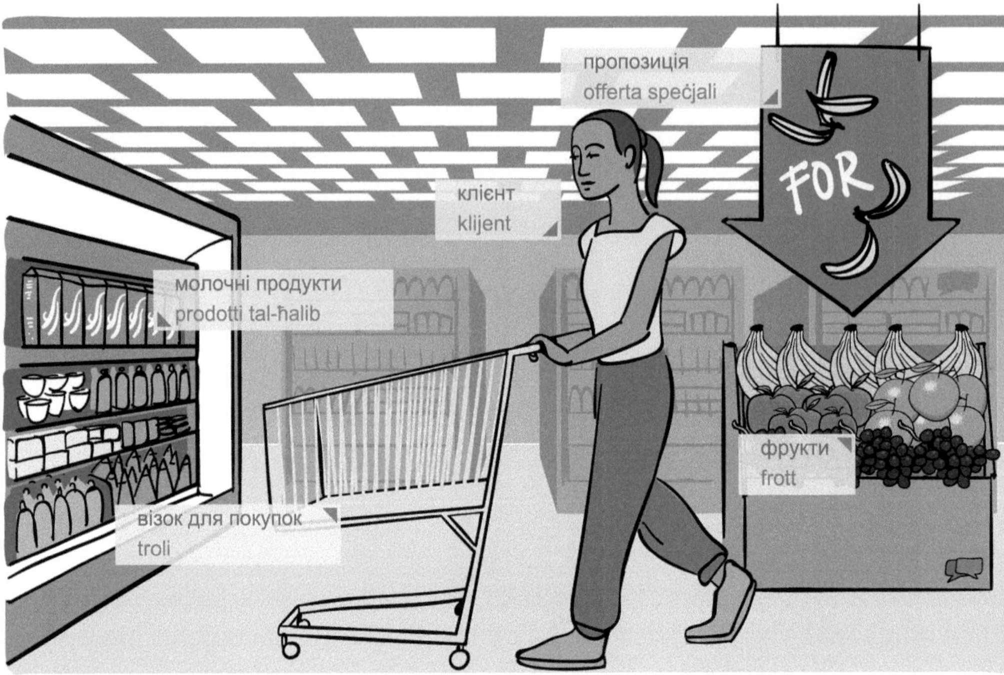

пропозиція
offerta speċjali
клієнт
klijent
молочні продукти
prodotti tal-ħalib
фрукти
frott
візок для покупок
troli
FOR

BUTCHERS

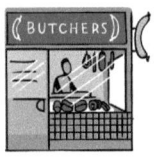

м'ясний магазин

tal-laħam

BAKERY

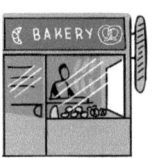

пекарня

tal-ħobż

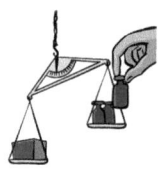

зважувати

wiżen

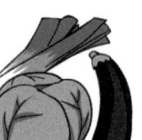

овочі

ħaxix

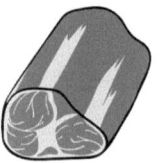

м'ясо

laħam

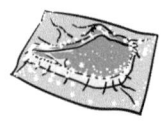

заморожені продукти

ikel iffriżat

ковбасна нарізка
laħam kiesaħ

консерви
ikel tal-landa

пральний порошок
trab tal-ħasil

солодощі
ħelu

предмети домашнього побуту
prodotti tad-dar

мийний засіб
prodotti tat-tindif

продавщиця
salesgirl

каса
cash register

касир
kaxxier

список покупок
lista tax-xiri

часи роботи
ħinijiet tal-ftuħ

гаманець
kartiera

кредитна картка
karta tal-kreditu

сумка
basket

поліетиленовий пакет
borża tal-plastik

супермаркет - supermarkit

напої
xorb

вода
ilma

сік
ġus

молоко
ħalib

кола
coca

вино
nbid

пиво
birra

алкоголь
alkoħol

какао
kawkaw

чай
te

кава
kafè

еспресо
espresso

капучіно
cappuccino

їжа
ikel

банан
banana

яблуко
tuffieħa

апельсин
laringa

кавун
dulliegħa

лимон
lumija

морква
karrotta

часник
tewm

бамбук
bambù

цибуля
basla

гриб
faqqiegħ

горішки
ġewż

локшина
noodles

спагеті
spagetti

рис
ross

салат
insalata

картопля фрі
ċips

смажена картопля
patata moqlija

піца
pizza

гамбургер
ħamberger

бутерброд
sandwiċ

шніцель
kutuletta

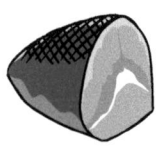

шинка
perżut

салямі
salami

ковбаса
zalzett

курка
tiġieġa

печеня
imsajjar fil-forn

риба
ħut

вівсяні пластівці	мюслі	кукурудзяні пластівці
ħafur tal-poriġ	muesli	cornflakes

борошно	круасан	булочка
dqiq	croissant	bezzun

хліб	тостовий хліб	печиво
ħobż	towst	gallettini

масло	сир	пиріг
butir	baqta	kejk

яйце	яєчня	сир
bajda	bajda moqlija	ġobon

морозиво	цукор	мед
ġelat	zokkor	għasel

мармелад	нуга-крем	карі
ġamm	krema tal-qubbajt	kari

ферма
razzett

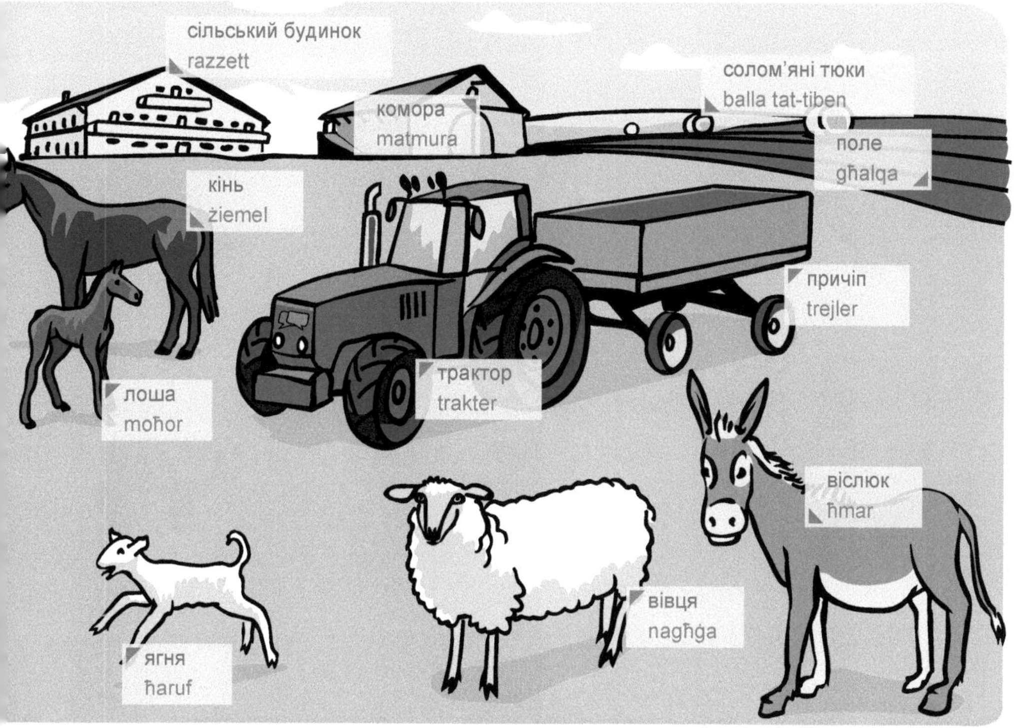

сільський будинок / razzett
комора / matmura
солом'яні тюки / balla tat-tiben
поле / għalqa
кінь / żiemel
причіп / trejler
лоша / moħor
трактор / trakter
віслюк / ħmar
ягня / ħaruf
вівця / nagħġa

коза

mogħża

корова

baqra

теля

għoġol

свиня

ħanżir

порося

qażquż

бик

barri

гусак
wiżż

качка
papra

курча
fellus

курка
tiġieġa

півень
serduk

щур
far

кіт
qattus

миша
ġurdien

віл
gendus

собака
kelb

собача будка
dar ta' kelb

садовий шланг
pajp tal-ġnien

лійка
bexxiexa

коса
scythe

плуг
moħriet

серп
minġel

мотика
magħżqa

вила
furkettun

сокира
mannara

тачка
karretta

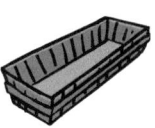

корито
ħawt

бідон молока
bott tal-ħalib

мішок
xkora

паркан
ċint

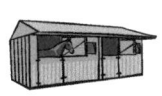

хлів
stalla

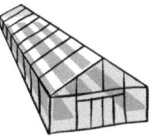

теплиця
serra

ґрунт
ħamrija

насіння
żerriegħa

добриво
fertilizzant

комбайн
apparat għal ħsad ikkombinat

ферма - razzett

пожинати ħasad	урожай ħsad	корінь ямсу yams

пшениця qamħ	соя sojja	картопля patata

кукурудза qamħirrun	ріпак kolza	плодове дерево siġra tal-frott

маніок manjoka	злаки ċereali	

дім
dar

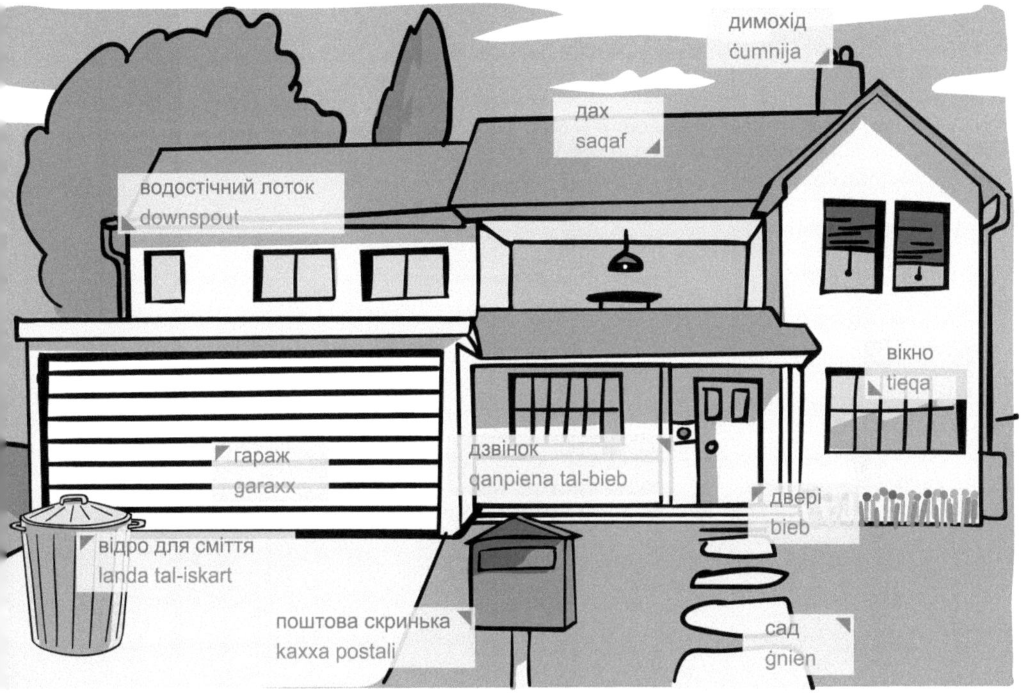

димохід
ćumnija

дах
saqaf

водостічний лоток
downspout

вікно
tieqa

гараж
garaxx

дзвінок
qanpiena tal-bieb

двері
bieb

відро для сміття
landa tal-iskart

поштова скринька
kaxxa postali

сад
ġnien

вітальня
kamra tal-ikel

ванна кімната
kamra tal-banju

кухня
kċina

спальня
kamra tas-sodda

дитяча кімната
kamra tat-tfal

їдальня
kamra tal-pranzu

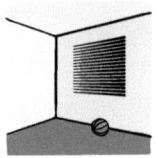

підлога
art

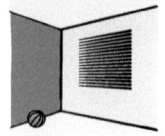

стіна
ħajt

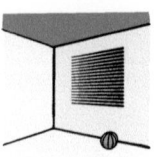

стеля
saqaf

підвал
kantina

сауна
sawna

балкон
gallarija

тераса
terrazzin

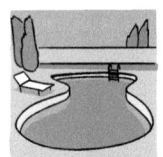

басейн
pixxina

косарка
lawn mower

простирало
liżar

ковдра
għata tas-sodda

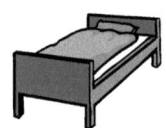

ліжко
sodda

мітла
xkupa

відро
barmil

перемикач
swiċċ

вітальня
kamra tal-ikel

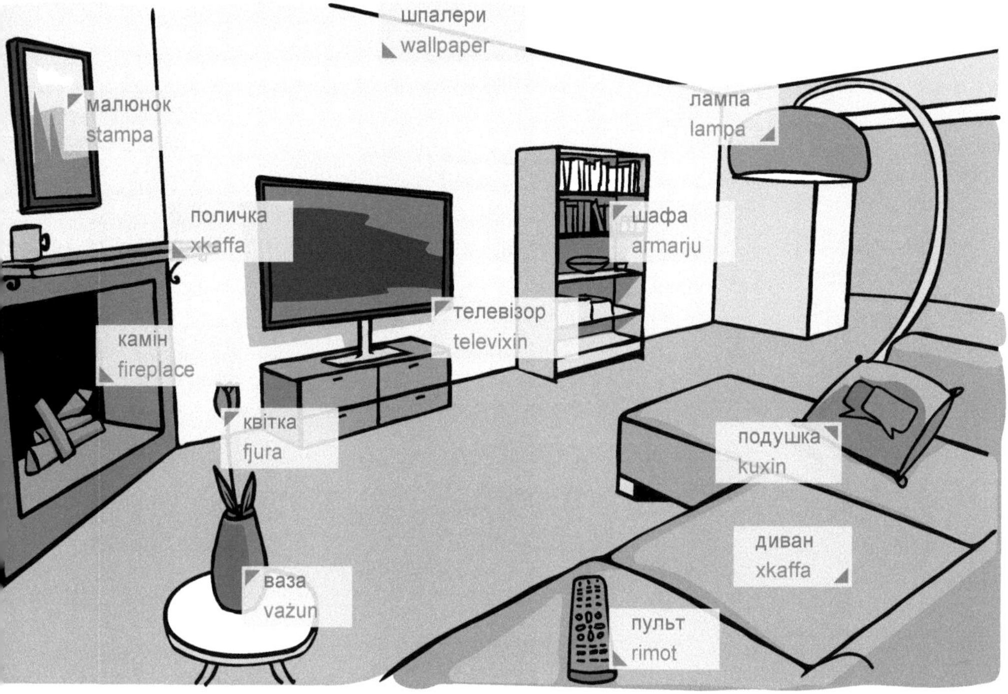

шпалери / wallpaper
малюнок / stampa
лампа / lampa
поличка / xkaffa
шафа / armarju
камін / fireplace
телевізор / televixin
квітка / fjura
подушка / kuxin
ваза / važun
диван / xkaffa
пульт / rimot

килим
tapit

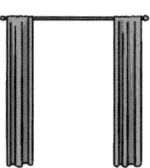

завіса
purtiera

стіл
mejda

стілець
siġġu

крісло-гойдалка
siġġu li jitbandal

крісло
pultruna

книга
ktieb

ковдра
kutra

прикраса
dekorazzjoni

дрова
ħatab

фільм
film

стереосистема
hi-fi

ключ
ċavetta

газета
gazzetta

картина
pittura

плакат
poster

радіо
radju

блокнот
notebook

пилосос
vacuum cleaner

кактус
kaktus

свічка
xemgħa

кухня
kċina

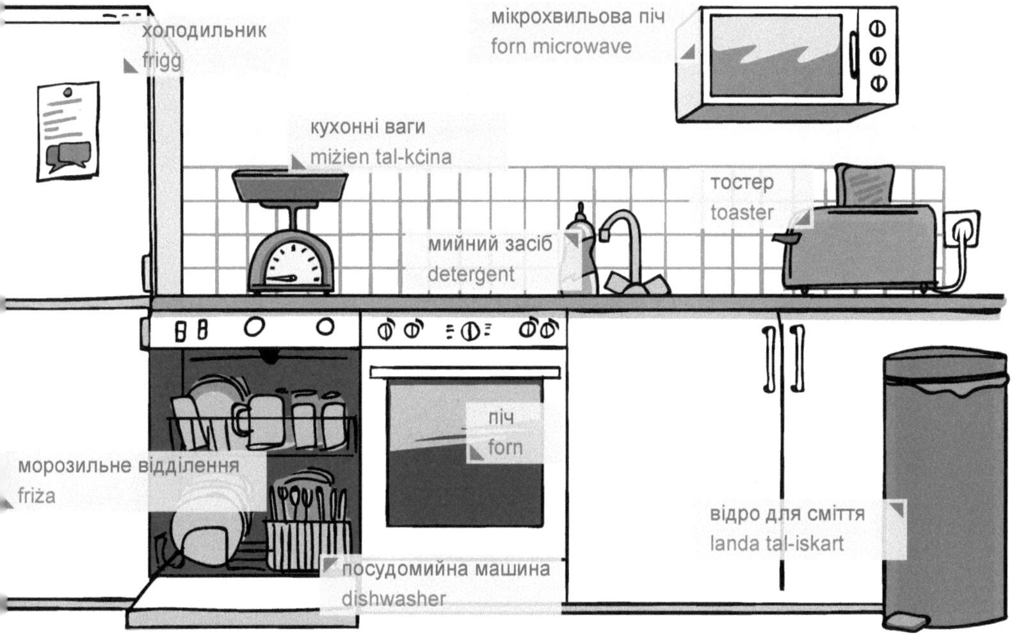

- холодильник / frigg
- мікрохвильова піч / forn microwave
- кухонні ваги / miżien tal-kċina
- тостер / toaster
- мийний засіб / deterġent
- морозильне відділення / friża
- піч / forn
- відро для сміття / landa tal-iskart
- посудомийна машина / dishwasher

плита
kuker

горщик
borma

чавунний горщик
borma tal-ħadid fondut

вок / кадай
wok / kadai

сковорода
taġen

чайник
kitla

пароварка
steamer

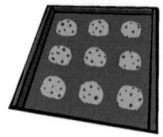

лист
trej tal-forn

посуд
fajjenza

кухоль
magg

чаша
skutella

палички для їжі
chopsticks

черпак
kuċċarun

лопатка
spatula

вінчик для збивання
whisk

сито
passatur

сито
għarbiel

терка
ħakkieka

ступка
mehrież

барбекю
barbecue

багаття
fuklar miftuħ

кухня - kċina

дошка
chopping board

качалка
lembuba

штопор
corkscrew

конзерва
landa

відкривачка
opener tal-laned

прихватки
biċċa għall-borom

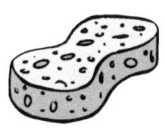

раковина
sink

щітка
xkupilja

губка
sponża

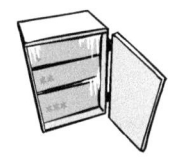

міксер
blender

морозильна камера
friża

дитяча пляшка
flixkun tat-trabi

кран
vit

кухня - kċina

ванна кімната
kamra tal-banju

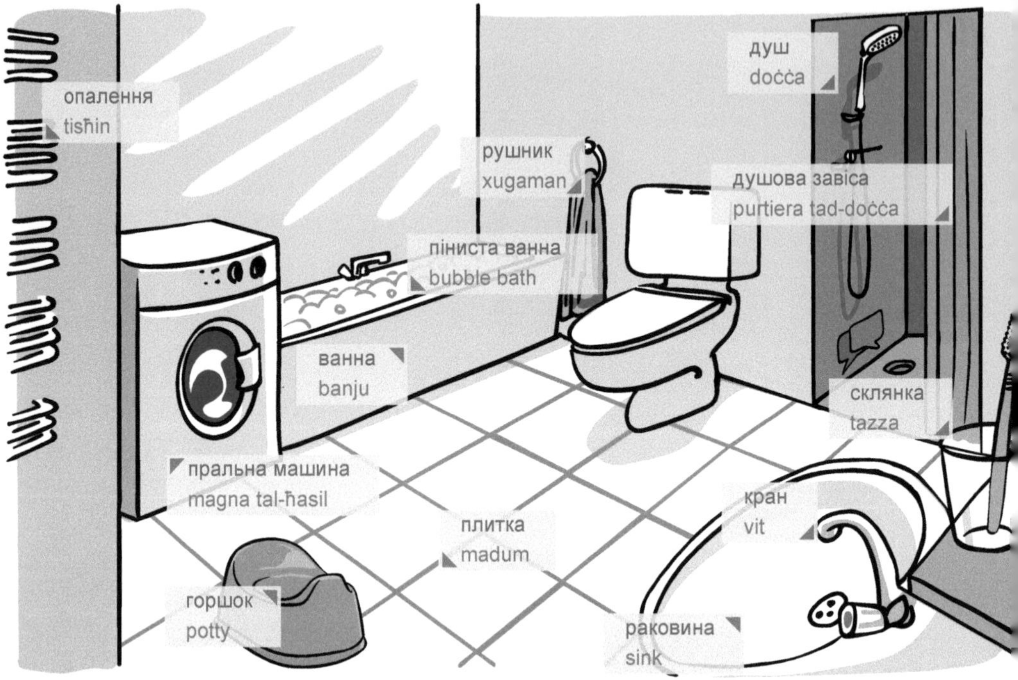

душ
doċċa

опалення
tisħin

рушник
xugaman

душова завіса
purtiera tad-doċċa

пінистa ваннa
bubble bath

ваннa
banju

склянка
tazza

пральна машина
magna tal-ħasil

кран
vit

плитка
madum

горшок
potty

раковина
sink

туалет
tojlit

підлоговий туалет
squat toilet

біде
bidet

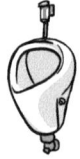

пісуар
urinarju

туалетний папір
toilet paper

щітка для туалету
xkupilja tat-tojlit

зубна щітка

xkupilja tas-snien

зубна паста

toothpaste

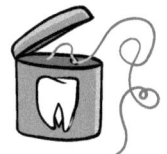

нитка для чищення зубів

floss dentali

мити

ħasel

ручний душ

doċċa li tinżamm fl-idejn

інтимний душ

doċċa intima

таз

baċin

щітка для спини

xkupilja għad-dahar

мило

sapun

гель для душу

sapun tad-doċċa

шампунь

xampu

мочалка

flanella

водостік

drejn

крем

krema

дезодорант

deodorant

ванна кімната - kamra tal-banju

дзеркало
mera

косметичне дзеркало
mera tal-idejn

бритва
xejver

піна для гоління
fowm tal-leħja

лосьйон після гоління
aftershave

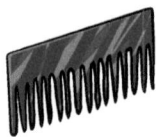
гребінь
pettne

щітка
xkupilja

фен
hair-dryer

лак для волосся
sprej tax-xagħar

косметика
irtokk

губна помада
lipstick

лак для нігтів
verniċ tad-dwiefer

вата
tajjar

ножиці для нігтів
mqass tad-dwiefer

парфум
fwieħa

ванна кімната - kamra tal-banju

косметичка
kit għall-prodotti tal-iġjene personali

табурет
ippurgar

ваги
miżien

халат
bathrobe

гумові рукавички
ingwanti tal-gomma

тампон
tampon

гігієнічні прокладки
prodott sanitarju

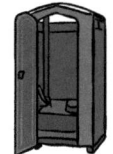
біотуалет
tojlits mobbli

дитяча кімната
kamra tat-tfal

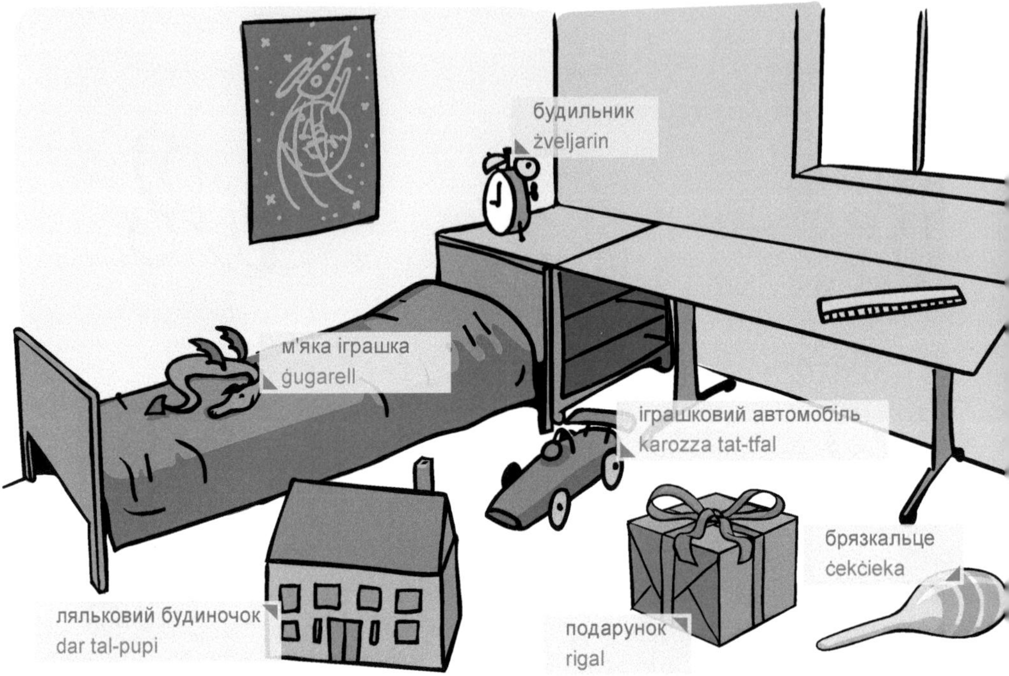

будильник
żveljarin
м'яка іграшка
ġugarell
іграшковий автомобіль
karozza tat-tfal
брязкальце
ċekċieka
ляльковий будиночок
dar tal-pupi
подарунок
rigal

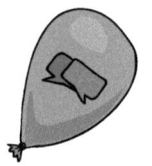

повітряна кулька

bużżieqa

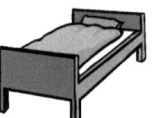

ліжко

sodda

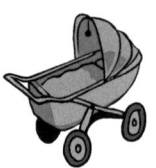

дитячий візок

pram

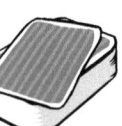

картярська гра

mazz karti

пазл

jigsaw

SUPER
MEGA

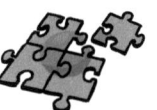

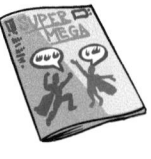

комікс

komik

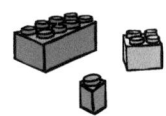

лего цеглинки

briks tal-lego

блоки

blokks tal-logħob

іграшкова фігурка

pupu

повзунки

babygrow

фризбі

frisbee

мобіле

mobile

настільна гра

board game

кубик

damma

модель залізнична станція

sett ta' ferrovija ġugarell

соска

gażaża

вечірка

parti

книжка з картинками

ktieb bl-istampi

м'яч

ballun

лялька

pupa

грати

lagħab

дитяча кімната - kamra tat-tfal

пісочниця
sandpit

гойдалка
bandla

іграшка
ġugarelli

гральна консоль
video game console

триколісний велосипед
triċiklu

плюшевий мішка
teddy bear

шафа
gwardarobba

одяг
ħwejjeġ

шкарпетки
peduni

панчохи
stockings

колготки
tajts

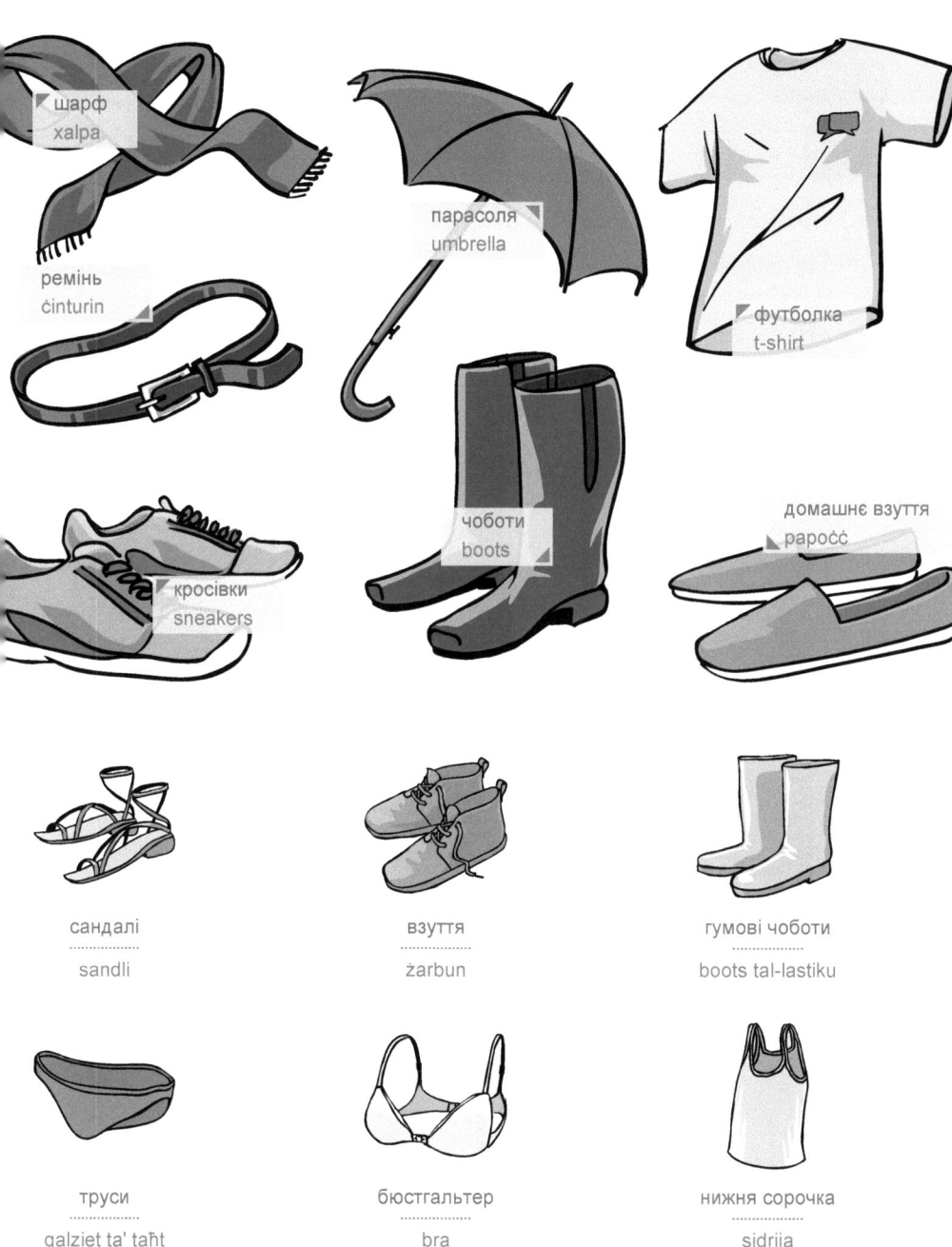

одяг - ħwejjeġ

боді
ġisem

штани
qalziet

джинси
jeans

спідниця
dublett

блузка
blaws

сорочка
qmis

пуловер
pullover

светр
flokk tas-suf

піджак
blejżer

куртка
ġakketta

пальто
kowt

дощовик
inċirata

костюм
kostum

сукня
libsa

весільна сукня
libsa tat-tieġ

костюм
suit

нічна сорочка
libsa tas-sodda

піжама
piġama

сарі
sari

головна хустка
hijab

чалма
turban

бурка
burka

кафтан
kaftan

абая
abaya

купальник
malja

плавки
malja tal-irġiel

шорти
xorts

тренувальний костюм
tracksuit

фартух
fardal

рукавички
ingwanti

одяг - ħwejjeġ

гудзик
buttuna

окуляри
nuċċali

браслет
brazzuletta

ланцюг
ġiżirana

кільце
ċurkett

сережка
misluta

шапка
beritta

плічка
spalliera għall-kowt

капелюх
kappell

краватка
ingravata

застібка-блискавка
żipp

шолом
elmu

підтяжки
ċineg

шкільна форма
uniformi tal-iskola

уніформа
uniformi

одяг - ħwejjeġ

нагрудник
vavalor

соска
gażaża

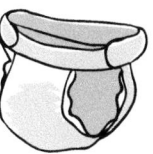
підгузок
ħarqa

офіс
uffiċċju

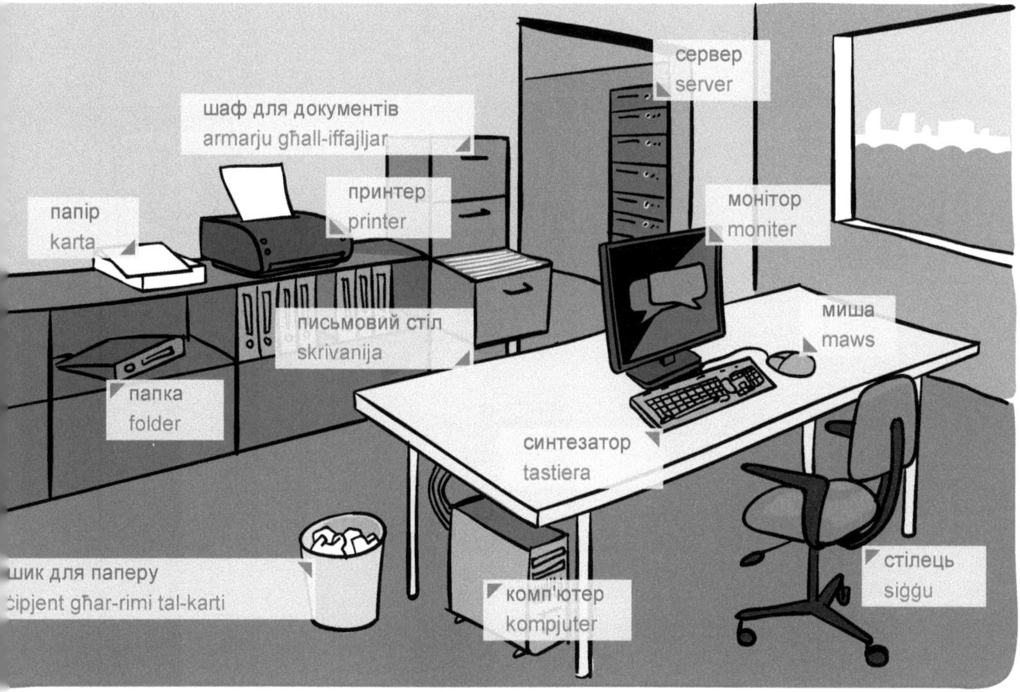

- шаф для документів / armarju għall-iffajljar
- принтер / printer
- сервер / server
- папір / karta
- монітор / moniter
- письмовий стіл / skrivanija
- миша / maws
- папка / folder
- синтезатор / tastiera
- стілець / siġġu
- ящик для паперу / ċipjent għar-rimi tal-karti
- комп'ютер / kompjuter

кавовий кухоль
magg tal-kafè

калькулятор
calculator

інтернет
internet

офіс - uffiċċju

 ноутбук laptop	 лист ittra	 повідомлення messaġġ
 мобільний телефон mowbajl	 мережа network	 копіювальний пристрій magna għall-fotokopji
 програмне забезпечення softwer	 телефон telefon	 розетка sokit tal-plagg
 факс magna tal-fax	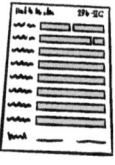 бланк forma	 документ dokument

офіс - uffiċċju

економіка
ekonomija

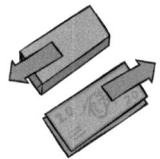
купувати
xtara

платити
ħallas

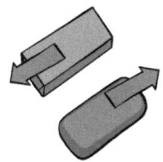
торгувати
nnegozja

гроші
flus

долар
dollaru

євро
eurp

ієна
yen

рубль
rublu

франк
frank Żvizzeru

юанів женьміньбі
renminbi Yuan

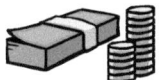
рупія
rupee

банкомат
fejn tħallas

обмінний пункт
uffiċċju tal-kambju

золото
deheb

срібло
fidda

нафта
żejt

енергія
enerġija

ціна
prezz

контракт
kuntratt

податок
taxxa

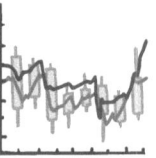

акція
stokk

працювати
ħadem

працівник
impjegat

роботодавець
impjegatur

фабрика
fabbrika

магазин
ħanut

економіка - ekonomija

професії
xogħolijiet

поліцейський
uffiċjal tal-pulizija

пожежник
pompier

повар
kok

лікар
tabib

пілот
pilota

садівник
ġardinar

столяр
mastrudaxxa

швачка
ħajjata

суддя
imħallef

хімік
spiżjar

актор
attur

водій автобуса
xufier tal-linja

таксист
xufier tat-taksi

рибалка
sajjied

прибиральниця
ħassiela

покрівельник
saqqaf

офіціант
wejter

мисливець
kaċċatur

художник
pittur

пекар
furnar

електрик
elektrixin

будівельник
bennej

інженер
inġinier

забійник
biċċier

бляхар
plamer

листоноша
pustier

професії - xogħolijiet

солдат
suldat

архітектор
perit

касир
kaxxier

флорист
bejjiegħ tal-fjuri

перукар
parrukkier

кондуктор
kunduttur

механік
mekkanik

капітан
kaptan

дантист
dentist

вчений
xjenzat

рабин
rabbi

імам
imam

монах
patri

пастор
qassis

професії - xogħolijiet

інструменти
għodda

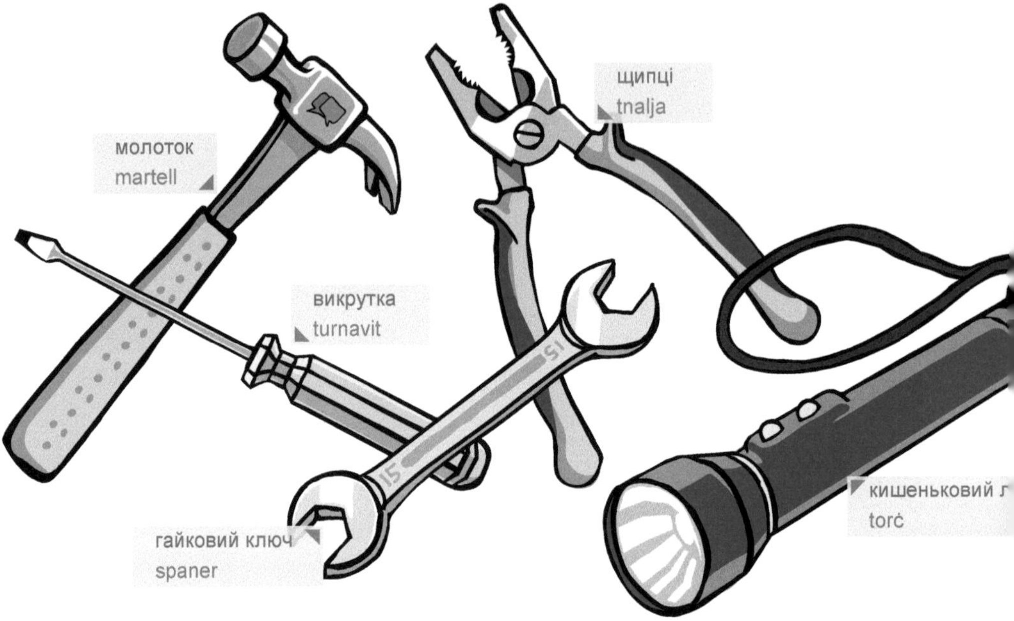

молоток / martell
щипці / tnalja
викрутка / turnavit
гайковий ключ / spaner
кишеньковий ліхтарик / torċ

екскаватор
gaffa

ящик для інструментів
kaxxa tal-għodda

драбина
sellum

пилка
serrieq

цвяхи
msiemer

свердло
driller

ремонтувати
sewwa

лопата
pala

лайно!
ll-marelli

совок
pala

відро з фарбою
landa żebgħa

гвинти
viti

музичні інструменти
strumenti mużikali

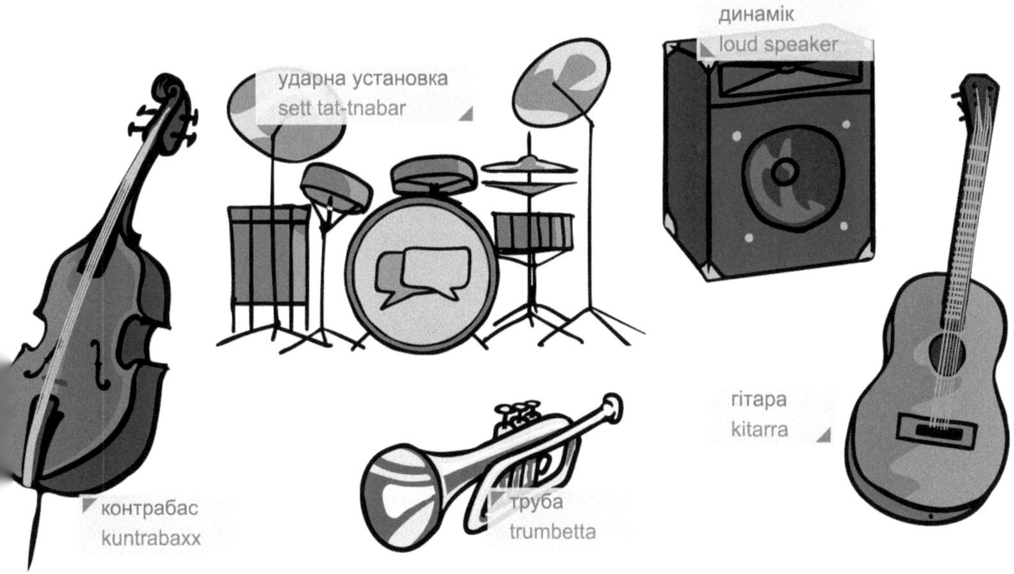

ударна установка
sett tat-tnabar

динамік
loud speaker

гітара
kitarra

контрабас
kuntrabaxx

труба
trumbetta

фортепіано
pjanu

скрипка
vjolin

бас
baxx

литаври
timpani

барабан
tnabar

клавіатура
keyboard

саксофон
sassofonu

флейта
flawt

мікрофон
mikrofonu

музичні інструменти - strumenti mużikali

зоопарк
żoo

- тигр / tigra
- вхід / dħul
- клітка / gaġġa
- зебра / żebra
- корм / għalf
- панда / panda

тварини
annimali

слон
iljunfant

кенгуру
kangaru

носоріг
rinoċeronti

горила
gurilla

ведмідь
ors

зоопарк - żoo

верблюд
ġemel

страус
nagħma

лев
ljun

мавпа
xadina

фламінго
fjammingu

папуга
pappagall

білий ведмідь
ors polari

пінгвін
pingwin

акула
kelb il-baħar

павич
pagun

змія
serp

крокодил
kukkudrill

працівник зоопарку
gwardjan taż-żoo

тюлень
foka

ягуар
jaguar

зоопарк - żoo

поні
poni

леопард
leopard

гіпопотам
ippopotamu

жираф
ġiraffa

орел
ajkla

кабан
ħanżir

риба
ħut

черепаха
fekruna

морж
walrus

лисиця
volpi

газель
għażżiela

зоопарк - żoo

спорт
sports

дії
attivitajiet

писати	малювати	показувати
kiteb	penġa	wera

тиснути	давати	брати
mbotta	tar	ħa

мати
għandu

робити
għamel

бути
kien

стояти
qam bilwieqfa

бігати
ġera

тягнути
ġibed

кидати
rema

падати
waqa'

лежати
mtedd

очікувати
stenna

носити
ġarr

сидіти
poġġa

одягати
libes

спати
raqad

просипатися
qam

дивитися

ra

плакати

beka

гладити

melles

розчісувати

ippettna

розмовляти

kellem

розуміти

fehem

питати

staqsi

слухати

sema'

пити

xorob

їсти

kiel

прибирати

naddaf

любити

ħabb

варити

sajjar

їхати

saq

літати

tar

йти під вітрилом

baħħar

рахувати

kkalkula

читати

qara

вчитися

tgħallem

працювати

ħadem

одружуватися

iżżewweġ

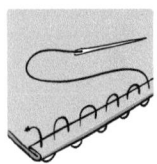

шити

ħiet

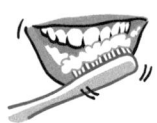

чистити зуби

ħasel snienu

убивати

qatel

курити

pejjep

посилати

bagħad

дії - attivitajiet

сім'я
familja

бабуся
nanna

дідуся
nannu

батько
missier

мати
omm

немовля
tarbija

донька
bint

син
iben

гість

mistieden

тітка

zija

дядько

ziju

брат

ħu

сестра

oħt

сім'я - familja

тіло
ġisem

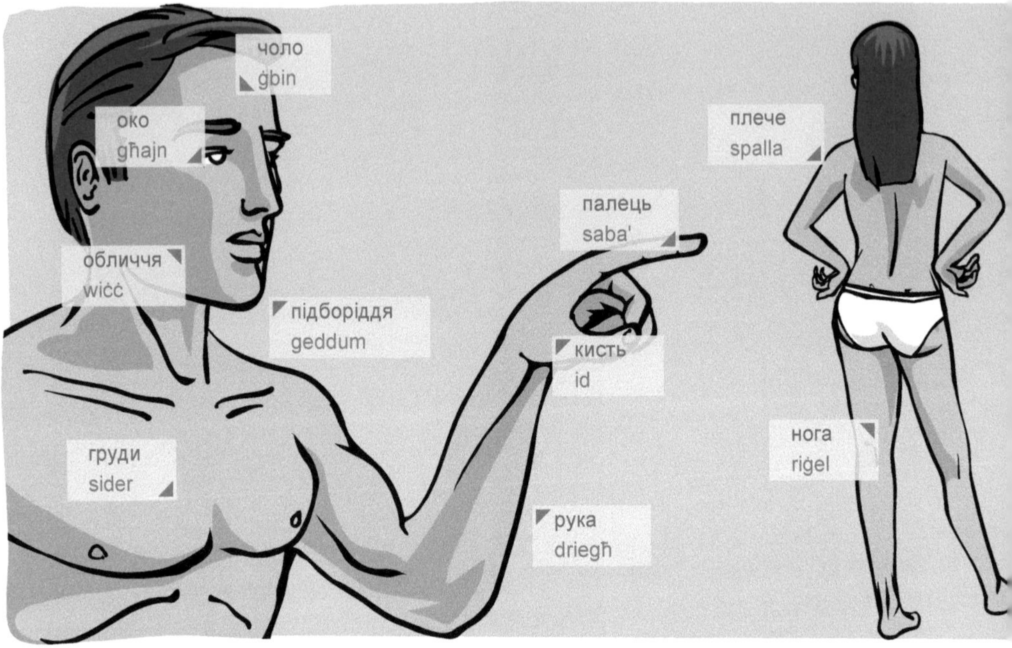

чоло — gbin
око — għajn
обличчя — wiċċ
груди — sider
підборіддя — geddum
палець — saba'
кисть — id
рука — driegħ
плече — spalla
нога — riġel

немовля
tarbija

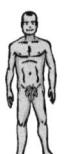

чоловік
raġel

жінка
mara

дівчина
tifla

хлопчик
tifel

голова
ras

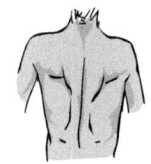

спина
dahar

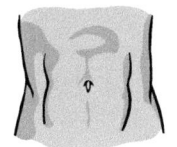

живіт
stonku

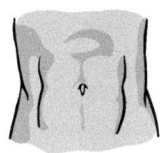

пуп
żokra

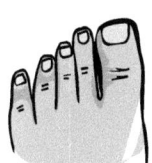

палець ноги
saba' tas-sieq

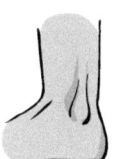

п'ята
għarqub

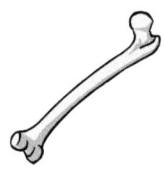

кістка
għadam

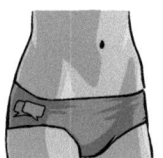

стегно
ġenb

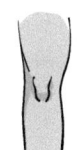

коліно
irkoppa

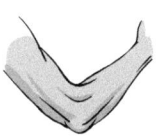

лікоть
minkeb

ніс
mnieħer

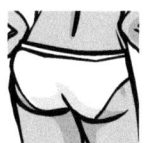

сідниці
warrani

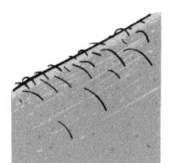

шкіра
ġilda

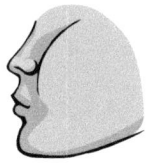

щока
ħadd

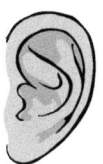

вухо
widna

губа
xoffa

рот
ħalq

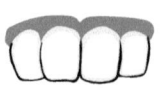
зуб
sinna

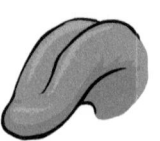
язик
lsien

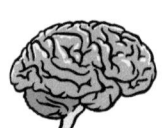
мозок
moħħ

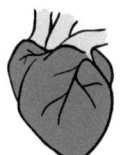
серце
qalb

м'яз
muskolu

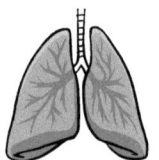
легені
pulmun

печінка
fwied

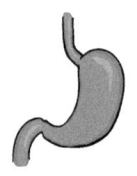
шлунок
stonku

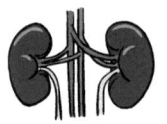
нирки
kliewi

статевий акт
sess

презерватив
kondom

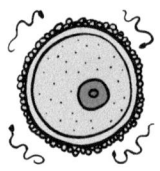
яйцеклітина
ovum

сперма
sperma

вагітність
tqala

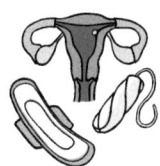

менструація

mestrwazzjoni

вагіна

vaġina

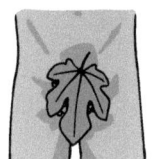

пеніс

pene

брова

ħaġeb

волосся

xagħar

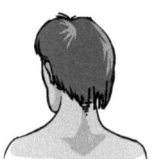

шия

għonq

тіло - ġisem

лікарня
sptar

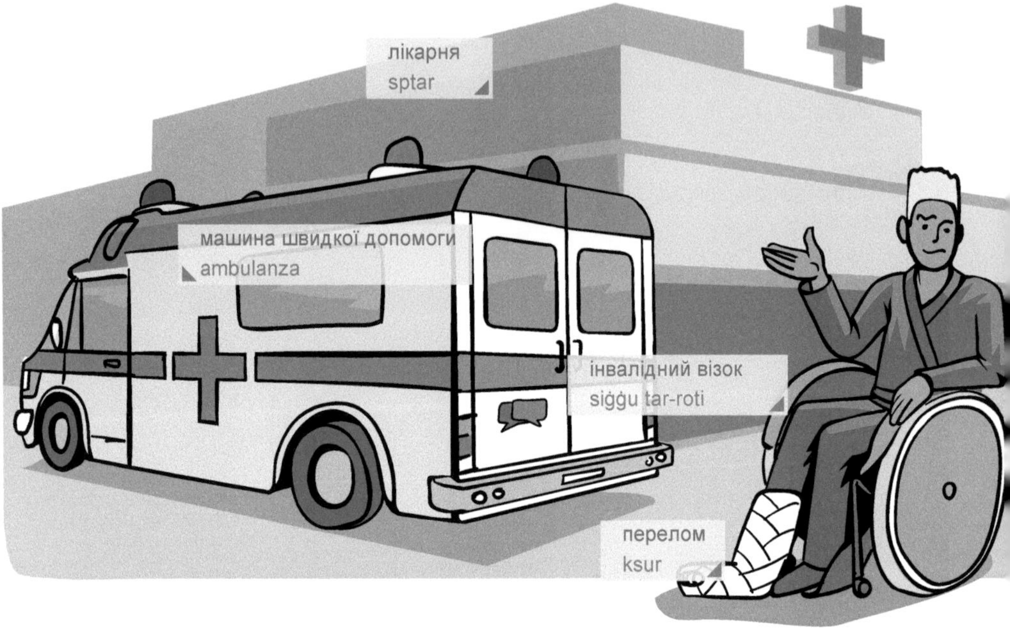

лікарня
sptar

машина швидкої допомоги
ambulanza

інвалідний візок
siġġu tar-roti

перелом
ksur

лікар

tabib

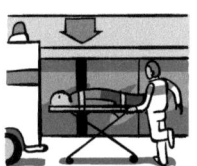

відділення швидкої медичної допомоги

kamra tal-emerġenza

медсестра

infermiera/ners

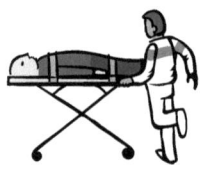

аварійний випадок

emerġenza

непритомний

mhux f'sensih

біль

uġigħ

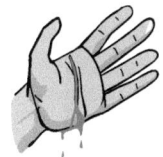
травма
korriment

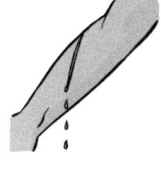
кровотеча
fsada

інфаркт
attakk tal-qalb

інсульт
puplesija

алергія
allerġija

кашель
sogħla

лихоманка
deni

грип
influwenza

пронос
dijarea

головна біль
uġigħ ta' ras

рак
kanċer

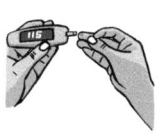
діабет
dijabete

хірург
kirurgu

скальпель
skalpell

операція
operazzjoni

лікарня - sptar

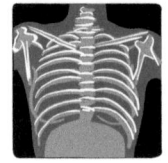
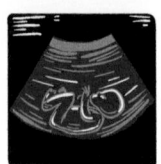

КТ
CT

рентген
raġġi x

ультразвук
ultrasound

маска
maskra tal-wiċċ

хвороба
marda

зал очікування
kamra tal-istennija

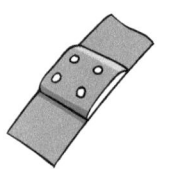

милиця
krozza

пластир
ġibs

пов'язка
faxxa

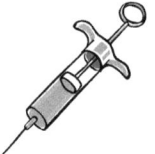
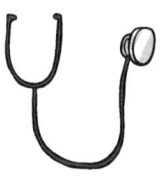
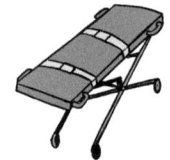

ін'єкція
injezzjoni

стетоскоп
stetoskopju

ноші
strecer

термометр
termometru kliniku

народження
twelid

надмірна вага
piż żejjed

слуховий апарат

għajnuna għas-smigħ

дезінфікуючий засіб

diżinfettant

інфекція

infezzjoni

вірус

virus

ВІЛ / СНІД

HIV / AIDS

медицина

mediċina

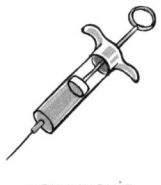

вакцинація

tilqim

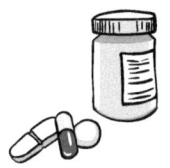

таблетки

pilloli

протизаплідна пігулка

pill

екстрений виклик

sejħa ta' emerġenza

тонометр

monitor tal-pressjoni tad-demm

хворий / здоровий

marid / b'saħħtu

лікарня - sptar

аварійний випадок
emerġenza

Допоможіть!
Ajjut

сигнал тривоги
allarm

напад
assalt

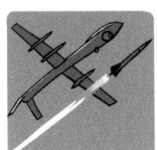

атака
attakk

небезпека
periklu

аварійний вихід
ħruġ ta' emerġenza

Вогонь!
Qed jaqbad!

вогнегасник
apparat tat-tifi tan-nar

аварія
aċċident

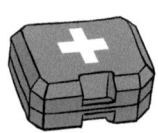

аптечка
kitt tal-ewwel għajnuna

СОС
SOS

поліція
pulizija

Земля
dinja

Європа
I-Ewropa

Північна Америка
I-Amerika ta' Fuq

Південна Америка
I-Amerika ta' Isfel

Африка
I-Afrika

Азія
I-Asja

Австралія
I-Awstralja

Атлантика
I-Atlantiku

Тихий океан
il-Paċifiku

Індійський океан
I-Oċean Indjan

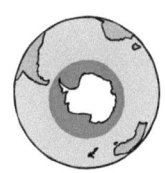
Антарктичний океан
I-Oċean Antartiku

Північний Льодовитий океан
I-Oċean Artiku

Північний полюс
Pol tat-Tramuntana

Південний полюс	Антарктика	Земля
Pol tan-Nofsinhar	l-Antartika	dinja
		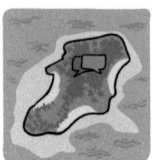
суша	море	острів
art	baħar	gżira
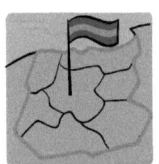	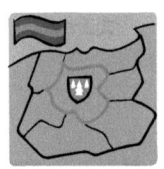	
нація	держава	
nazzjon	stat	

годинник
arloġġ

циферблат
wiċċ l-arloġġ

годинникова стрілка
sigħatiera

хвилинна стрілка
minutiera

секундна стрілка
sekondiera

Котра година?
X'ħin hu?

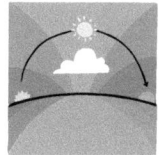
день
jum

час
ħin

зараз
issa

цифровий годинник
arloġġ diġitali

хвилина
minuti

година
siegħa

тиждень
ġimgħa

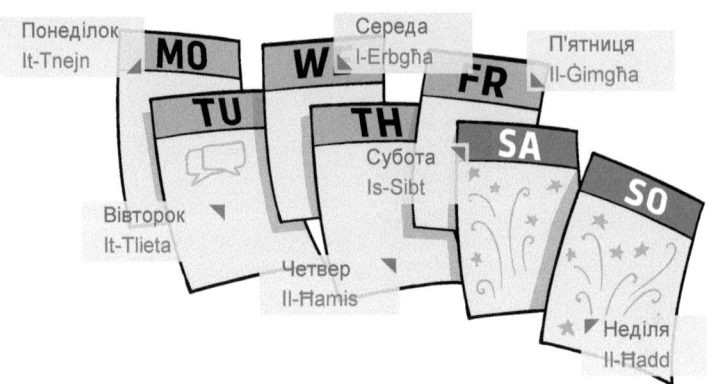

вчора
ilbieraħ

сьогодні
illum

завтра
għada

ранок
filgħodu

опівдні
nofsinhar

вечір
filgħaxija

робочі дні
jiem tax-xogħol

кінець робочого тижня
tmiem il-ġimgħa

рік
sena

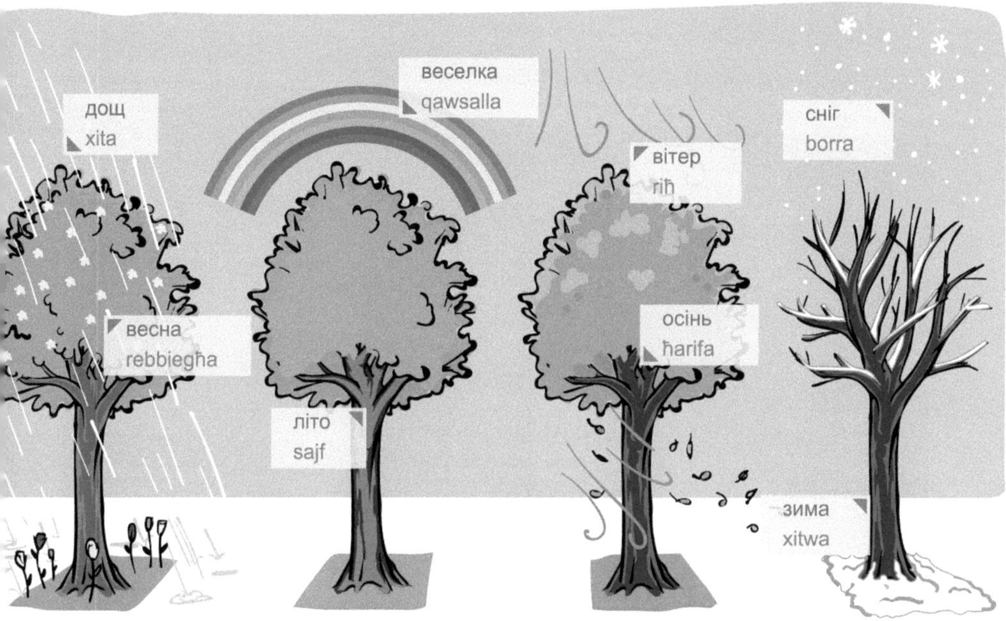

дощ
xita

веселка
qawsalla

сніг
borra

вітер
riħ

весна
rebbiegħa

осінь
ħarifa

літо
sajf

зима
xitwa

прогноз погоди

tbassir tat-temp

термометр

termometru

сонячне світло

xemx

хмара

sħaba

туман

ċpar

вологість повітря

umdità

блискавка
beraq

грім
ragħad

шторм
maltempata

град
silġ

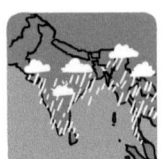

мусон
monsun

повінь
għargħar

лід
silġ

Січень
Jannar

Лютий
Frar

Березень
Marzu

Квітень
April

Травень
Mejju

Червень
Ġunju

Липень
Lulju

Серпень
Awwissu

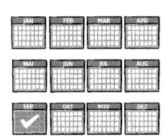
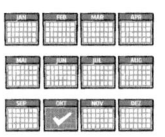

Вересень
Settembru

Жовтень
Ottubru

Листопад
Novembru

Грудень
Diċembru

форми
forom

круг
ċirku

квадрат
kwadru

прямокутник
rettangolu

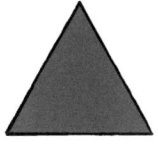
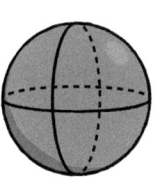
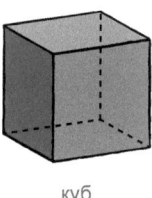

трикутник
trijanglu

куля
sfera

куб
kubu

фарби
kuluri

білий
abjad

жовтий
isfar

помаранчевий
oranġjo

рожевий
roża

червоний
aħmar

фіолетовий
vjola

синій
blu

зелений
aħdar

коричневий
kannella

сірий
griż

чорний
iswed

протилежності
opposti

багато / мало
ħafna / ftit

лютий / мирний
rrabjat / kalm

гарний / бридкий
sabiħ / ikrah

початок / кінець
bidu / tmiem

великий / малий
kbir / żgħir

світлий / темний
jgħajjat / mudlam

брат / сестра
ħu / oħt

чистий / брудний
nadif / maħmuġ

завершений / незавершений
komplut / mhux komplut

день / ніч
jum / lejl

мертвий / живий
mejjet / ħaj

широкий / вузький
wiesa' / dejjaq

їстівний / неїстівний
jittiekel / ma jittikilx

злий / дружній
ħażin / twajjeb

збуджений / нудьгуючий
eċċitat / imdejjaq

товстий / тонкий
oħxon / irqiq

спочатку / востаннє
l-ewwel / l-aħħar

друг / ворог
ħabib / għadu

повний / порожній
mimli / vojt

жорсткий / м'який
iebes / artab

важкий / легкий
tqil / ħafif

голод / спрага
ġuħ / għatx

хворий / здоровий
marid / b'saħħtu

незаконний / законний
illegali / legali

розумний / дурний
intelliġenti / stupidu

вліво / вправо
xellug / lemin

поруч / далеко
qrib / 'il bogħod

протилежності - opposti

новий / використаний

ġdid / użat

нічого / щось

xejn / xi ħaġa

старий / молодий

xiħ / żagħżugħ

вкл / викл

mixgħul / mitfi

відкрито / закрито

miftuħ / magħluq

тихо / гучно

kwiet / storbjuż

багатий / бідний

sinjur / fqir

правильно / неправильно

tajjeb / ħażin

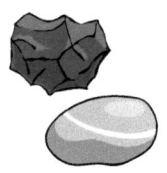

шорсткий / гладкий

aħrax / lixx

сумний / щасливий

imdejjaq / ferħan

короткий / довгий

qasir / twil

повільно / швидко

bil-mod / għaġġieli

вологий / сухий

imxarrab / niexef

гарячий / холодний

sħun / frisk

війна / мир

gwerra / paċi

протилежності - opposti

числа
numri

0
нуль
żero

1
один
wieħed

2
два
tnejn

3
три
tlieta

4
чотири
erbgħa

5
п'ять
ħamsa

6
шість
sitta

7
сім
sebgħa

8
вісім
tmienja

9
дев'ять
disgħa

10
десять
għaxra

11
одинадцять
ħdax

12

дванадцять
tnax

13

тринадцять
tlettax

14

чотирнадцять
erbatax

15

п'ятнадцять
ħmistax

16

шістнадцять
sittax

17

сімнадцять
sbatax

18

вісімнадцять
tmintax

19

дев'ятнадцять
dsatax

20

двадцять
għoxrin

100

сто
mija

1.000

тисяча
elf

1.000.000

мільйон
miljun

МОВИ
lingwi

англійська
Ingliż

американська англійська
Ingliż Amerikan

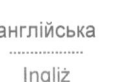

китайська високочиновницька
Ċiniż Mandarin

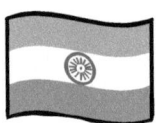

хінді
Ħindi

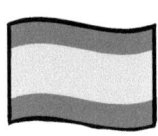

іспанська
Spanjol

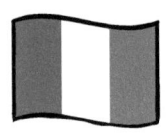

французька
Franċiż

арабська
Għarbi

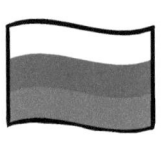

російська
Russu

португальська
Portugiż

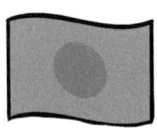

бенгальська
Bengali

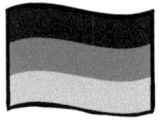

німецька
Ġermaniż

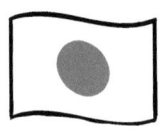

японська
Ġappuniż

хто / що / як
min / xiex / kif

я
Jien

ти
int

він / вона / воно
hu / hi / -

ми
aħna

ви
intom

вони
huma

хто?
min / xiex / kif

що?
xiex

як?
kif

де?
fejn

коли?
meta

ім'я
isem

де
fejn

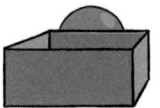

ззаду
fuq wara

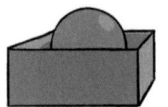

в
ġo

перед
fuq quddiem ta'

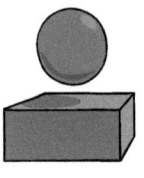

над
fuq

на
fuq

під
taħt

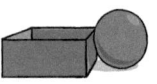

біля
ma' ġenb

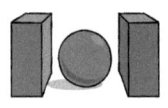

між
bejn

місце
post